Belle petite étoile

Écrit par Sylva Nnaekpe

Copyright © 2019 Sylva Nnaekpe.

Tous droits réservés. № partie de ce livre peut être reproduit par n'importe quel moyen, médium, graphique, électronique ou mécanique, y compris la photocopie, l'enregistrement, l'enregistrement ou par un système de récupération d'informations sans l'autorisation écrite de l'auteur sauf dans le cas de brèves citations contenues dans des articles critiques et critiques.

Les livres peuvent être commandés par les librairies ou en contactant Silsnorra Publishing at:
silsnorra@gmail.com

En raison de la nature dynamique de l'internet, n'importe quelle adresse web ou Les liens contenus dans ce livre ont peut-être changé depuis la publication et peut ne plus être valide. Les vues exprimées dans ce travail sont uniquement ceux de l'auteur et ne reflètent pas nécessairement les vues de l'éditeur, et l'éditeur décline toute responsabilité pour eux.

ISBN : 978-1-951972-12-1 (Couverture douce)
ISBN 978-1-951792-11-4 (couverture dure)
ISBN 978-1-951792-30-5 (livre électronique)

Informations d'impression disponibles sur la dernière page.

Silsnorra Publishing Date de révision: 10/18/2019

Ma naissance

a marqué le bonheur,

la joie et le rire.

C ' était la plus

belle vue à voir.

J ' ai les plus belles

caractéristiques :

les cheveux, les yeux,

le nez,

les oreilles,

les dents et la bouche,

comme la plupart

des autres personnes.

Mon coeur est plein de compassion, d'amour et de soins. J ' ai un esprit que je peux appeler le mien.

Je suis un esprit libre,

capable,

et prêt à apprendre

et à explorer

de nouvelles choses.

Le sang coule

dans mes veines,

et je passe par le même processus

de croissance et de développement

que la plupart des autres enfants.

J ' apprends à ramper,

à parler, à m'asseoir,

à me tenir, à marcher et à courir,

Comme beaucoup d'enfants

que je rencontre..

J ' aime les cadeaux de la vie,

de l'eau, de la nourriture,

de la boisson,

de la lumière du soleil,

des étoiles,

des sables,

et des saisons-comme

tout le monde.

J ' ai beaucoup d'énergie.

Je suis habillé pour convenir

aux saisons,

et je suis un enfant cool.

Je suis entouré de gens

qui s'en soucie et qui veulent

me voir faire bien.

Je vais grandir pour être

ce que je veux et choisir d'être,

avec l'aide et le soutien

des gens qui m'aiment,

qui se soucie de moi,

et qui sont autour de moi.

Je suis aimé,

et je m'en soucie.

Certaines choses peuvent

essayer de nous séparer,

mais je suis confiant

qu'ensemble,

nous pouvons rendre

le monde meilleur qu'il

ne l'est maintenant.

Mon nom est Ivry.

Je suis belle,

et

Vous aussi.

THE END